À LA RECHERCHE DE LAURA

Anthony Tallarico

Laura habite la planète MAXX. Un jour, elle décide d'aller visiter sa grand-mère dans son bac spatial. Tous ses amis sont venus la saluer.

CHERCHE LAURA SUR LA PLANÈTE MAXX AINSI QUE :

- ☐ 3 ballons
- ☐ 2 oiseaux
- ☐ 2 ballons de football
- ☐ Le parapluie
- ☐ La cabane d'oiseaux
- ☐ La pizza
- ☐ La cafetière
- ☐ Le poisson
- ☐ Le cerf-volant
- ☐ Le pot de fleurs
- ☐ Le chien
- ☐ Le rouli-roulant
- ☐ La corde à danser
- ☐ Le sapin
- ☐ Le diplômé
- ☐ Le téléviseur
- ☐ L'écritoire à pince
- ☐ La tortue
- ☐ L'éléphant
- ☐ Le traîneau
- ☐ La fourchette
- ☐ La vieille radio
- ☐ Le hamburger
- ☐ Le vieux pneu
- ☐ Le hot dog
- ☐ Le wagon couvert
- ☐ 4 horloges
- ☐ Le wigwam
- ☐ 3 livres
- ☐ La locomotive

Mais en montant dans son bac, Laura appuie sur le mauvais bouton.

Elle se retrouve soudain dans un monde étrange, entourée de créatures bizarres. Tout est humide! Ce n'est pas la maison de Nanie. Ce n'est pas MAXX. Ce n'est pas de la terre!

CHERCHE LAURA DANS L'OCÉAN AINSI QUE :

- ❏ L'anchois
- ❏ Le fantôme
- ❏ La bascule
- ❏ Le fer à cheval
- ❏ La borne-fontaine
- ❏ 2 fleurs
- ❏ La boucle
- ❏ Le fromage
- ❏ Le chapeau de paille
- ❏ La guitare
- ❏ 2 chauves-souris
- ❏ 2 livres
- ❏ La clé
- ❏ Le marteau
- ❏ La cloche
- ❏ Le coeur
- ❏ Le parapluie
- ❏ Le coffre au trésor
- ❏ La pieuvre
- ❏ Le cornet de crème glacée
- ❏ La pizza
- ❏ La coupe
- ❏ Le poisson-aiguille
- ❏ La couronne
- ❏ La scie
- ❏ Le crayon
- ❏ La sirène
- ❏ Le tas de foin
- ❏ L'escargot
- ❏ Le téléscope
- ❏ Le téléviseur
- ❏ 3 tortues
- ❏ Le vieux pneu

Laura remonte et atterrit finalement...

... près d'un point d'eau, dans la jungle. Les créatures sont velues et duveteuses.

CHERCHE LAURA DANS LA JUNGLE AINSI QUE :

- ☐ L'appareil-photo
- ☐ La licorne
- ☐ La baignoire d'oiseaux
- ☐ Le lion
- ☐ 3 ballons
- ☐ Le loup
- ☐ Le ballon de football
- ☐ Le nid d'oiseaux
- ☐ Le ballon de plage
- ☐ 3 os
- ☐ Le bateau
- ☐ Le pélican
- ☐ La boîte de conserve
- ☐ Le périscope
- ☐ Le chameau
- ☐ La plume
- ☐ 2 chaussettes
- ☐ Le sanglier
- ☐ La citrouille
- ☐ Le serpent
- ☐ Le cochon
- ☐ Le singe
- ☐ Le coeur
- ☐ La sucette
- ☐ Le coq
- ☐ Le toucan
- ☐ La flèche
- ☐ Le ver de terre
- ☐ La girafe
- ☐ Le yo-yo
- ☐ Le hibou
- ☐ L'homme de la jungle

Mais Laura n'est pas certaine qu'ils soient tous très amicaux; elle remonte donc et décide d'explorer d'autres coins de ce monde étrange.

Une fois en vol, Laura aperçoit des montagnes toutes blanches. Laura atterrit et, pour la première fois, elle voit... de la NEIGE! C'est amusant! Elle aimerait que ses amis de MAXX voient la neige eux aussi.

CHERCHE LAURA
SUR LA PENTE
AINSI QUE :

- ☐ L'alligator
- ☐ Le lapin
- ☐ L'antenne de télé
- ☐ Les lunettes fumées
- ☐ L'artiste
- ☐ Le lutin
- ☐ L'automobile
- ☐ Le monstre endormi
- ☐ Le bateau
- ☐ L'os
- ☐ La boîte aux lettres
- ☐ Le père Noël
- ☐ Le bonhomme de neige
- ☐ Le plongeur
- ☐ Le cerf-volant
- ☐ Le poisson
- ☐ Le chameau
- ☐ Le râteau
- ☐ Le chien
- ☐ Le rouli-roulant
- ☐ La citrouille
- ☐ Le sapin
- ☐ Le hamac
- ☐ Le skieur qui remonte
- ☐ Le haut-de-forme
- ☐ La souris
- ☐ L'igloo
- ☐ Le téléphone gelé
- ☐ Le joueur de football
- ☐ La tortue

Puis, une tyrolienne l'effraye et elle part.

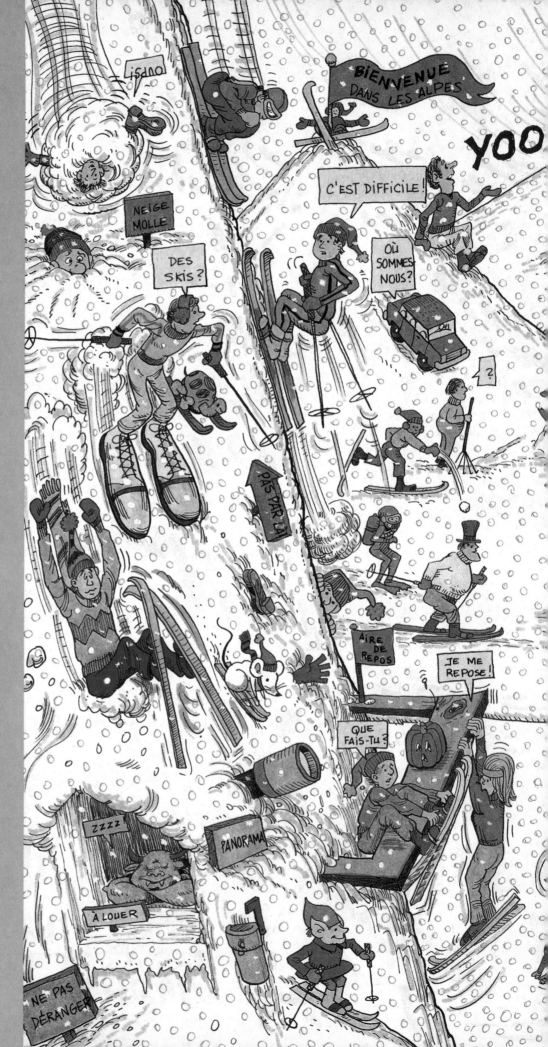

Laura s'envole vers le sud et atterrit dans le désert — ou plutôt dans une oasis. Ce qu'il fait chaud! Et tout le monde a une serviette sur la tête! Les gens sont tellement occupés qu'ils n'aperçoivent pas Laura.

CHERCHE LAURA
AU BAZAR BAH-HA
AINSI QUE :

- ❑ Le balai
- ❑ 4 noix de coco
- ❑ Le ballon de football
- ❑ 2 nuages
- ❑ Le ballon de plage
- ❑ L'oiseau
- ❑ La bataille d'oreillers
- ❑ 2 paniers d'osier
- ❑ Le camion
- ❑ Le parapluie
- ❑ Le cerf-volant
- ❑ La pelle
- ❑ Le chat
- ❑ Le puits de pétrole
- ❑ Le chien
- ❑ 4 serpents
- ❑ Le collier
- ❑ Le singe
- ❑ Le cornet de crème glacée
- ❑ Le skieur
- ❑ L'éléphant
- ❑ 2 tapis volants
- ❑ L'escargot
- ❑ Le télescope
- ❑ La flûte
- ❑ 4 tentes
- ❑ Le génie
- ❑ La tortue
- ❑ L'igloo
- ❑ Le traîneau
- ❑ Le lapin
- ❑ Les lunettes de soleil

Le bac spatial file vers le nord. Laura aperçoit de magnifiques endroits en survolant l'Europe et elle décide de les visiter.

CHERCHE LAURA EN EUROPE AINSI QUE :

- ❏ L'aigrette
- ❏ La montgolfière
- ❏ L'autobus
- ❏ Le moulin à vent
- ❏ 2 automobiles
- ❏ Le pêcheur
- ❏ 2 ballerines
- ❏ Le périscope
- ❏ Le ballon
- ❏ 3 poissons non volants
- ❏ 3 bateaux
- ❏ Le poisson volant
- ❏ 2 bonshommes de neige
- ❏ Le renne
- ❏ Le château
- ❏ Le roi
- ❏ Le chevalier en armure
- ❏ Le serpent
- ❏ Le chien
- ❏ Le singe
- ❏ La cigogne
- ❏ Le skieur
- ❏ Les danseuses
- ❏ Le télescope
- ❏ L'étoile de mer
- ❏ La tortue
- ❏ Le fantôme
- ❏ Le train
- ❏ La gondole
- ❏ Les tulipes

Mais Laura commence à s'ennuyer et se demande comment elle va retourner sur MAXX.

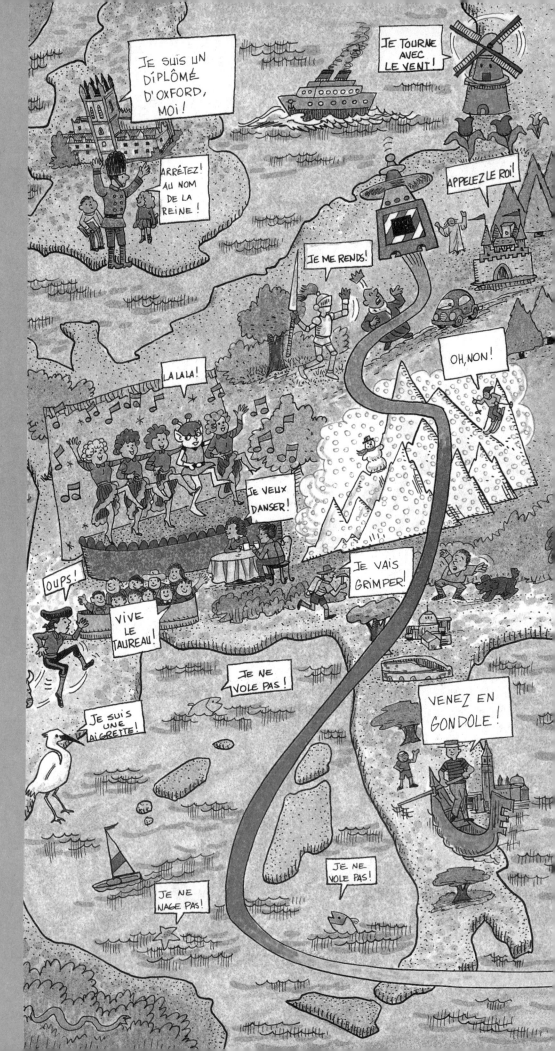

De son bac spatial, Laura aperçoit des enfants qui s'amusent. Ils pourraient peut-être l'aider.

CHERCHE LAURA DANS LE CAMP DE VACANCES AINSI QUE :

- [ ] L'alligator
- [ ] Le hibou
- [ ] L'avion de papier
- [ ] Le lac
- [ ] Le balai
- [ ] La lampe
- [ ] La boîte de conserve
- [ ] Le monstre sans tête
- [ ] Le canard
- [ ] La motocyclette
- [ ] Le canard jouet
- [ ] L'ours
- [ ] La canne en bonbon
- [ ] La chaise à trois pattes
- [ ] La pelle
- [ ] 2 chauves-souris
- [ ] La pizza
- [ ] La cible
- [ ] La citrouille
- [ ] Le poisson
- [ ] 2 cuisiniers
- [ ] Le pompier
- [ ] Le rouli-roulant
- [ ] Le seau
- [ ] L'épouvantail
- [ ] La sorcière
- [ ] L'escabeau
- [ ] Le téléphone
- [ ] Le fromage
- [ ] La tête de monstre
- [ ] Le tuyau d'arrosage
- [ ] La voiture

Laura n'a jamais vu autant d'activités bizarres. Et personne n'a entendu parler de MAXX, sa planète.

Les enfants du camp dirigent Laura vers un grand chapiteau. Au centre de la piste, des animaux et des gens bizarres semblent beaucoup s'amuser.

CHERCHE LAURA
AU CIRQUE
AINSI QUE :

- ☐ La boîte de cirage
- ☐ Le haut-de-forme
- ☐ La boucle
- ☐ Le hot dog
- ☐ La boule de quille
- ☐ Les jumelles
- ☐ Le cactus
- ☐ Le lion
- ☐ Le cadre
- ☐ Le mauvais jongleur
- ☐ 2 chapeaux de cowboy
- ☐ Le parapluie
- ☐ La chaussure perdue
- ☐ La peinture sèche
- ☐ Le chevalier en armure
- ☐ La pelure de banane
- ☐ Le cochon
- ☐ Le pirate
- ☐ Le cornet de crème glacée
- ☐ 3 rouli-roulants
- ☐ Le costume de singe
- ☐ Les roues amovibles
- ☐ 2 éléphants
- ☐ La souris
- ☐ Le fantôme
- ☐ La tarte
- ☐ La fleur qui marche
- ☐ Le fromage

Laura s'amuse bien, mais elle veut rentrer chez elle.

Laura tente de rejoindre MAXX. Elle atterrit plutôt dans une ville bruyante. Elle se demande si elle reverra jamais sa planète, mais elle aperçoit des êtres qui lui ressemblent.

CHERCHE LAURA À WASHINGTON AINSI QUE :

- ❏ L'affiche d'élection
- ❏ Le kangourou
- ❏ L'agent secret
- ❏ 3 livres
- ❏ L'appareil-photo
- ❏ La loupe
- ❏ L'artiste
- ❏ Le marteau
- ❏ La boîte à outils
- ❏ La montgolfière
- ❏ 4 boucles
- ❏ Le monument à Washington
- ❏ 2 casques protecteurs
- ❏ L'oie
- ❏ Le cerf-volant
- ❏ 2 oiseaux
- ❏ Le chapeau de marin
- ❏ 3 os
- ❏ Le chat
- ❏ Le Pentagone
- ❏ L'enveloppe
- ❏ Le pinceau
- ❏ L'épouvantail
- ❏ La tortue
- ❏ «Hommes au travail»
- ❏ Le tyrannosaure
- ❏ L'homme qui dort
- ❏ Le joggeur

Peut-être pourront-ils l'aider? Elle décide de les suivre...

... jusqu'à l'école! Dans la classe, Laura assiste à la leçon d'épellation. M-A-I-S-O-N fait maison.

CHERCHE LAURA À L'ÉCOLE AINSI QUE :

- ❑ L'assiette
- ❑ Le hibou
- ❑ Le balai
- ❑ L'igloo
- ❑ 2 ballons de football
- ❑ Les lunettes de soleil
- ❑ Le ballon de soccer
- ❑ Le masque de monstre
- ❑ Le bas
- ❑ La neige
- ❑ Le bâton de golf
- ❑ Le petit gâteau
- ❑ Le batteur
- ❑ La pince à linge
- ❑ 2 chapeaux
- ❑ Le pinceau
- ❑ Le chat
- ❑ Pinocchio
- ❑ La chauve-souris
- ❑ 2 poissons
- ❑ Le chevalet
- ❑ Le protocératops
- ❑ Les ciseaux
- ❑ Robert
- ❑ 2 cloches •
- ❑ Le robot
- ❑ Le coeur
- ❑ Le sablier
- ❑ La corbeille à papier
- ❑ 2 sacs d'école
- ❑ La corde à danser
- ❑ Le visage joyeux
- ❑ La demi-lune
- ❑ Le globe terrestre
- ❑ La gomme à mâcher

Soudain, Laura décide d'écrire M-A-X-X à l'ordinateur de son bac spatial.

Ça marche! Le bac file vers la maison! Tout le monde souhaite la bienvenue à Laura. Elle leur raconte les choses étranges et merveilleuses qu'elle a vues sur Terre.

CHERCHE LAURA SUR MAXX AINSI QUE :

- ❏ L'ampoule électrique
- ❏ Le lait frappé
- ❏ Le ballon de football
- ❏ La licorne
- ❏ La boîte à surprise
- ❏ Le marteau
- ❏ La borne-fontaine
- ❏ L'os
- ❏ La boulette de viande
- ❏ Le panier
- ❏ La carotte
- ❏ La pelle
- ❏ La casquette de baseball
- ❏ Le petit gâteau
- ❏ La chandelle
- ❏ 2 crayons
- ❏ La rose
- ❏ Le diplômé
- ❏ Le sapin
- ❏ L'escargot
- ❏ La souris
- ❏ La télévision
- ❏ 7 étoiles tombantes
- ❏ La tente
- ❏ Le fromage
- ❏ La tortue
- ❏ La guitare
- ❏ Le tournevis
- ❏ Le hamburger
- ❏ Le yo-yo
- ❏ Le hot dog

À partir d'aujourd'hui, Laura sera très prudente lorsqu'elle voyagera dans son bac spatial.